Impressum
Verlag: BABADADA GmbH, Nedderfeld 112 , 22529 Hamburg
Geschäftsführer / Verlagsleitung: Harald Hof
Druck: Books on Demand GmbH, In de Tarpen 42, 22848 Norderstedt

Imprint
Publisher: BABADADA GmbH, Nedderfeld 112 , 22529 Hamburg, Germany
Managing Director / Publishing direction: Harald Hof
Print: Books on Demand GmbH, In de Tarpen 42, 22848 Norderstedt

مکتب

el colegio

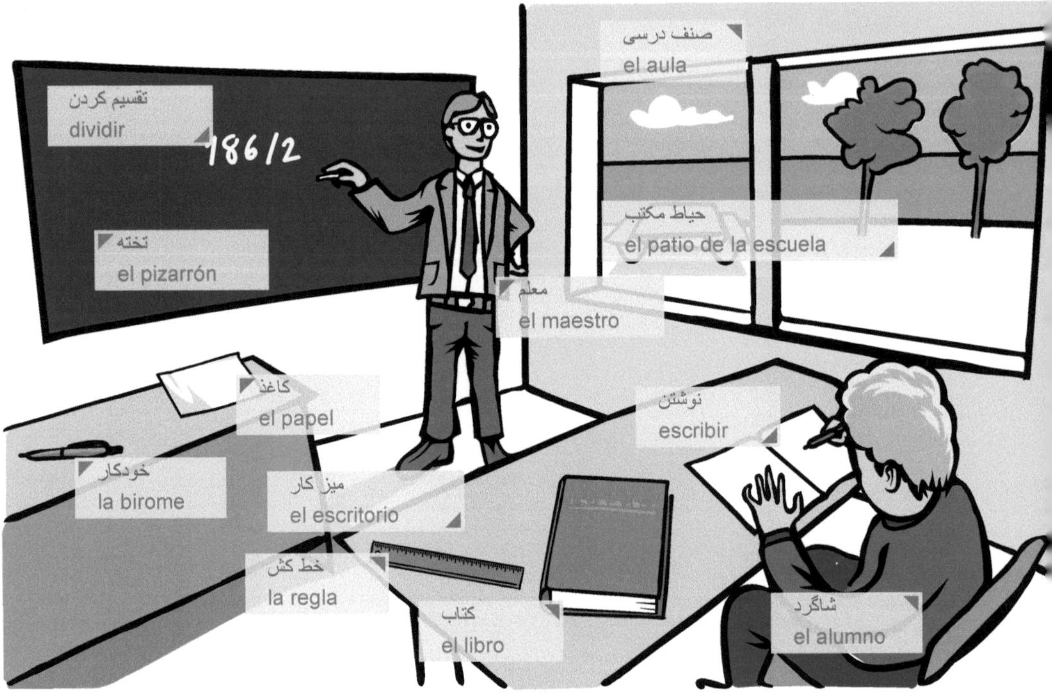

صنف درسی
el aula
تقسیم کردن
dividir
186/2
تخته
el pizarrón
حیاط مکتب
el patio de la escuela
معلم
el maestro
کاغذ
el papel
نوشتن
escribir
خودکار
la birome
میز کار
el escritorio
خط کش
la regla
کتاب
el libro
شاگرد
el alumno

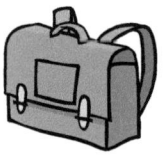

بیگ مکتب
la mochila

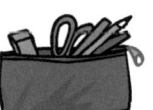

قلم دانی
la caja de lápices

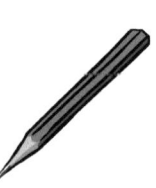

پنسل
el lápiz

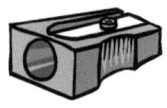

پنسل تراش
el sacapuntas

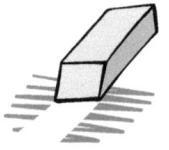

پنسل پاک
la goma (de borrar)

کتابچه رسم
el bloc de dibujo

نقاشی

el dibujo

برس رنگ زنی

el pincel

بکسک رنگه

la caja de pinturas

قیچی

la tijera

سریش

el pegamento

کتاب تمرین

el cuaderno de ejercicios

کار خانگی

la tarea

عدد

el número

جمع کردن

sumar

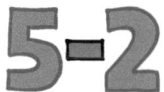

تفریق کردن

restar

ضرب کردن

multiplicar

حساب کردن

calcular

حرف

la letra

ABCDEFG
HIJKLMN
OPQRSTU
VWXYZ

الفبا

el abecedario

کلمه

la palabra

متن

el texto

خواندن

leer

تباشیر

la tiza

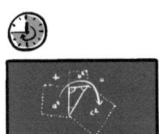

درس

la lección

ثبت نام

el cuaderno de clase

امتحان

el examen

تصدیقنامه

el certificado

یونیفورم مکتب

el uniforme escolar

تحصیل

la educación

دانشنامه

la enciclopedia

پوهنتون

la universidad

مایکروسکوپ

el microscopio

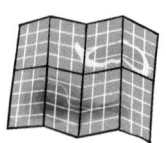

نقشه

el mapa

سبد کاغذ باطله

el tacho (de basura)

سفر
el viaje

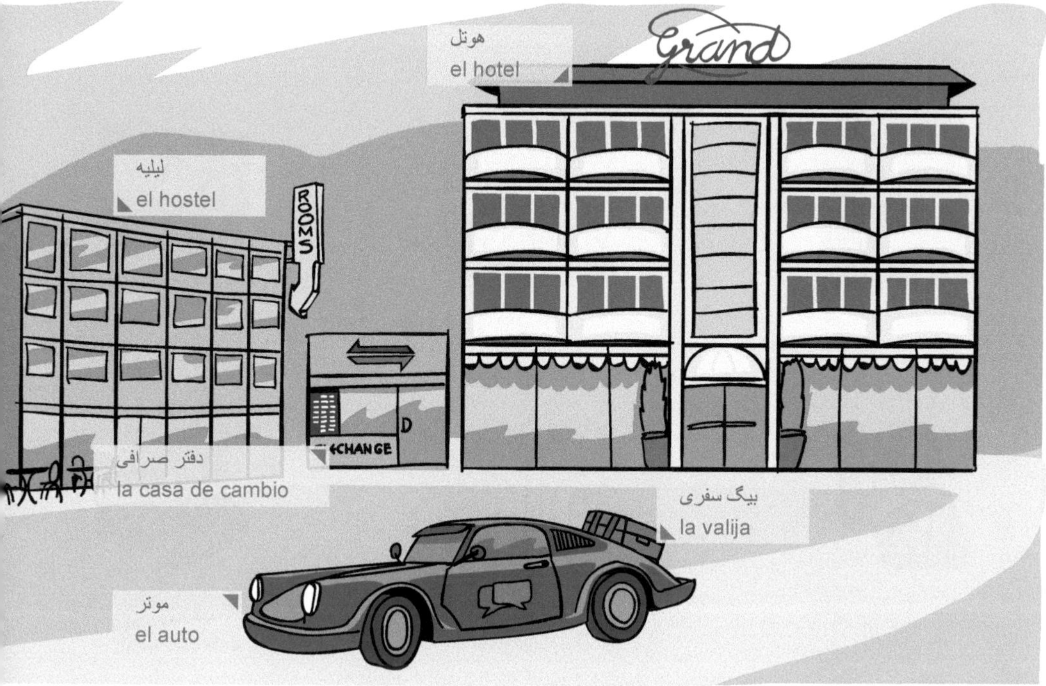
هوتل
el hotel
Grand
لیلیه
el hostel
ROOMS
دفتر صرافی
la casa de cambio
EXCHANGE
بیگ سفری
la valija
موتر
el auto

زبان

el idioma

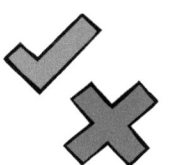

بلی / نخیر

sí / no

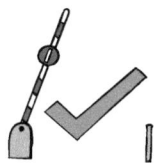

بسیار خوب

Está bien

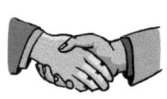

سلام

hola

مترجم

el traductor

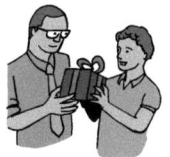

تشکر از شما

Gracias

قیمتش چقدر است؟

¿cuánto cuesta…?

نمی فهمم

No entiendo

مشکل

el problema

عصر بخیر! / شب بخیر!

¡Buenas tardes!

صبح بخیر!

¡Buenos días!

شب بخیر!

¡Buenas noches!

خداحافظ

el adiós

مسیر

la dirección

بار مسافر

el equipaje

بیگ

el bolso

بیگ پشتکی

la mochila

مهمان

el invitado

اطاق

la habitación

بستره خواب سیار

la bolsa de dormir

خیمه

la carpa

معلومات توریستی

la información turística

ساحل

la playa

کریدیت کارت

la tarjeta de crédito

صبحانه

el desayuno

طعام چاشت

el almuerzo

غذای شام

la cena

تکت

el pasaje

لفت

el ascensor

مهر

el sello

مرز

la frontera

گمرک

la aduana

سفارتخانه

la embajada

ویزه

la visa

پاسپورت

el pasaporte

حمل و نقل

el transporte

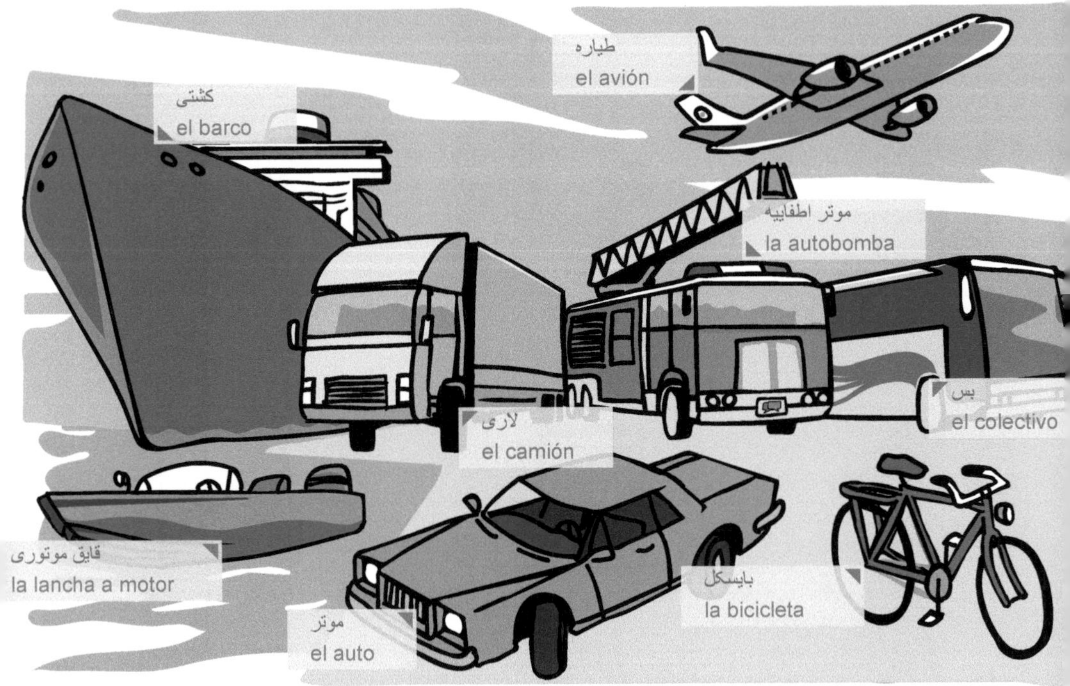

طياره
el avión
کشتی
el barco
موتر اطفاییه
la autobomba
بس
el colectivo
لاری
el camión
قایق موتوری
la lancha a motor
بایسکل
la bicicleta
موتر
el auto

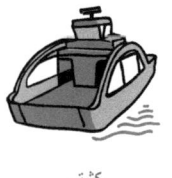

کشتی

el ferry

قایق

el bote

موترسایکل

la moto

موتر پولیس

el patrullero

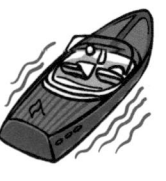

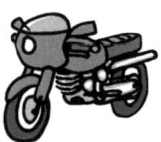

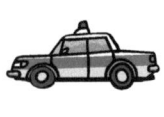

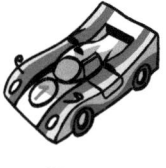

موتر مسابقه

el auto de carreras

موتر کرایی

el auto de alquiler

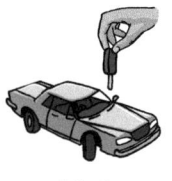

اشتراک وسایط

el alquiler de autos

جرثقیل

la grúa

موتر حمل زباله

el camión de la basura

موتور

el motor

تیل

la nafta

تانک تیل

la estación de servicio

علامت ترافیکی

la señal de tránsito

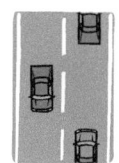

عبور و مرور

el tránsito

راهبندان

el embotellamiento

پارک وسایط

el estacionamiento

ایستگاه ریل

la estación de tren

خط ریل

las vías

ریل

el tren

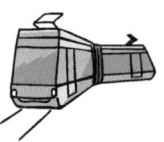

ریل برقی

el tranvía

واگن

el vagón

هليكوپتر

el helicóptero

ميدان هوایی

el aeropuerto

برج

la torre

مسافر

el pasajero

كانتينر

el contenedor

كارتن

la caja de cartón

گادی

la carretilla

سبد

la canasta

پرواز كردن / فرود آمدن

despegar / aterrizar

شهر

la ciudad

قریه

el pueblo

تیاتر شهر

el centro de la ciudad

خانه

la casa

سینما
el cine

اعلان
la publicidad

چراغ سرک
el farol

CINEMA

سرک
la calle

تکسی
el taxi

عابر پیاده
el peatón

فروشگاه استک
el kiosco

پیاده رو
la vereda

خطوط عابر پیاده
el paso peatonal

سطل
ntenedor de basura

چهار راهی
el cruce

چراغ راهنمایی
el semáforo

کلبه
la cabaña

آپارتمان
el departamento

ایستگاه ریل
la estación de tren

تالار شهر
la municipalidad

موزیم
el museo

مکتب
el colegio

پوهنتون
....
la universidad

بانک
....
el banco

شفاخانه
....
el hospital

هوتل
....
el hotel

دواخانه
....
la farmacia

دفتر
....
la oficina

کتابفروشی
....
la librería

مغازه
....
el negocio

گل فروشی
....
la florería

سوپر مارکیت
....
el supermercado

فروشگاه
....
el mercado

فروشگاه
....
las grandes tiendas

ماهی فروشی
....
la pescadería

مرکز خرید
....
el centro comercial

بندر
....
el puerto

پارک

el parque

دراز چوکی

el banco

پل

el puente

زینه ها

las escaleras

مترو

el subte

تونل

el túnel

ایستگاه بس

la parada del colectivo

میخانه

el bar

رستورانت

el restaurante

صندوق پست

el buzón

علامت سرک

el letrero

ماشین پارکو متر

el parquímetro

باغ وحش

el zoológico

حوض آببازی

la pileta

مسجد

la mezquita

مزرعه

la granja

آلوده گی

la contaminación

قبرستان

el cementerio

کلیسا

la iglesia

میدان بازی

los juegos infantiles

معبد

el templo

چشم انداز
el paisaje

برگ
la hoja

لوحه
el poste indicador

راه
el camino

علفزار
la pradera

سنگ
la piedra

درخت
el árbol

کوهنورد
el excursionista

دریا
el río

علف
la hierba

گل
la flor

دره
....
el valle

تپه
....
la montaña

دریاچه
....
el lago

جنگل
....
el bosque

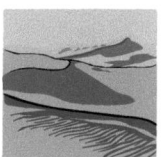

صحرا
....
el desierto

آتشفشان
....
el volcán

قلعه
....
el castillo

رنگین کمان
....
el arco iris

سمارق
....
el champiñón

درخت آلو
....
la palmera

پشه
....
el mosquito

مگس
....
la mosca

مورچه
....
la hormiga

زنبور
....
la abeja

عنکبوت
....
la araña

قانغوزک

el escarabajo

بقه

la rana

موش خرما

la ardilla

خارپشت

el erizo

خرگوش صحرایی

la liebre

بوم

la lechuza

پرنده

el pájaro

مرغابی

el cisne

خوک وحشی

el jabalí

گوزن

el ciervo

گوزن شمالی

el alce

بند آب

la presa

توربین بادی

el aerogenerador

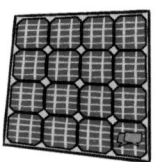

صفحه خورشیدی

el panel solar

آب و هوا

el clima

رستورانت

el restaurante

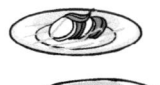

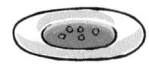

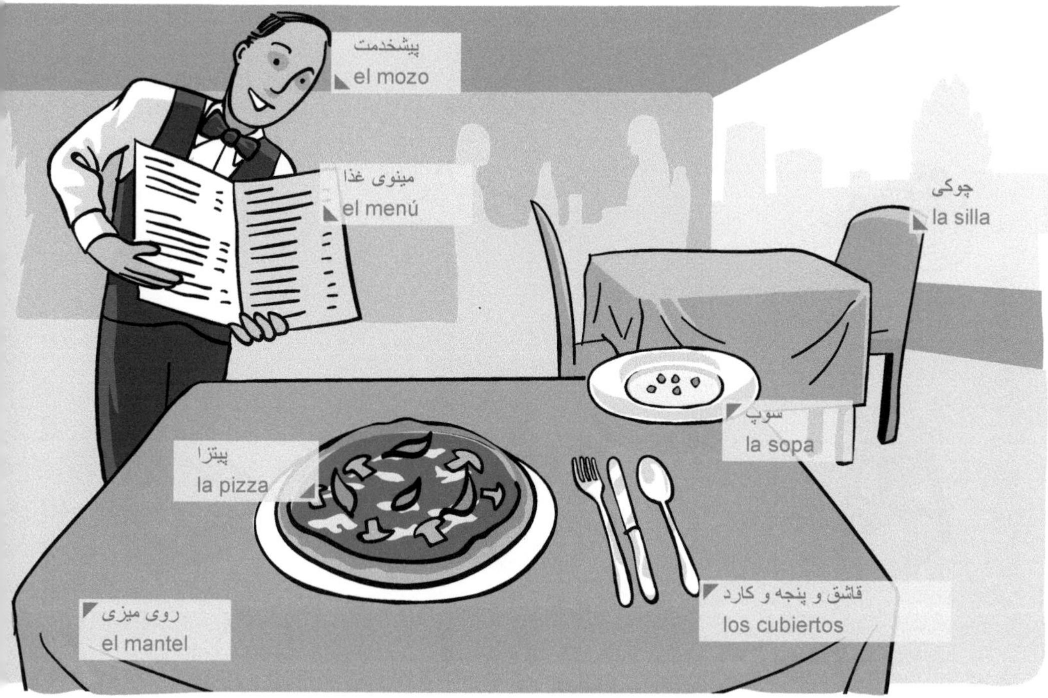

پیشخدمت
el mozo
مینوی غذا
el menú
چوکی
la silla
سوپ
la sopa
پیتزا
la pizza
قاشق و پنجه و کارد
los cubiertos
روی میزی
el mantel

پیش غذا

....

la entrada

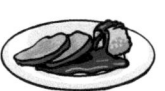

غذای اصلی

....

el plato principal

شرینی

....

el postre

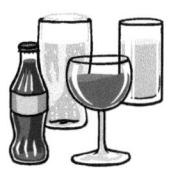

نوشیدنی ها

....

las bebidas

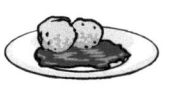

غذا

....

la comida

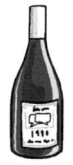

بوتل

....

la botella

فاست فود

la comida rápida

غذای کنار سرک

la comida callejera

چاینک/ترموز

la tetera

قندانی

la azucarera

بخش غذا

la porción

دستگاه اسپرسو

la cafetera expreso

چوکی بلند

la sillita alta

بل

la cuenta

پطنوس

la bandeja

چاقو

el cuchillo

پنجه

el tenedor

قاشق

la cuchara

قاشق چای خوری

la cucharita

دستپاک دسترخوان یا میز

la servilleta

گیلاس

el vaso

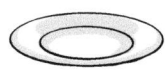

بشقاب
....
el plato

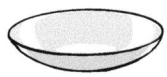

بشقاب سوپ
....
el plato hondo

نعلبكى
....
el plato

چتنى
....
la salsa

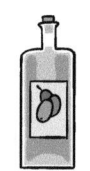

نمكدان
....
el salero

آسياب مرچ
....
el molinillo de pimienta

سركه
....
el vinagre

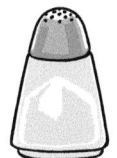

روغن خوراكى
....
el aceite

ادويه
....
las especias

كچاپ
....
el kétchup

ساس خردل
....
la mostaza

مايونز
....
la mayonesa

سوپر مارکیت
el supermercado

پیشنهاد خاص
la oferta especial
FOR
مشتری
el cliente
لبنیات
los lácteos
میوه
la fruta
چرخ دستی
el changuito

BUTCHERS

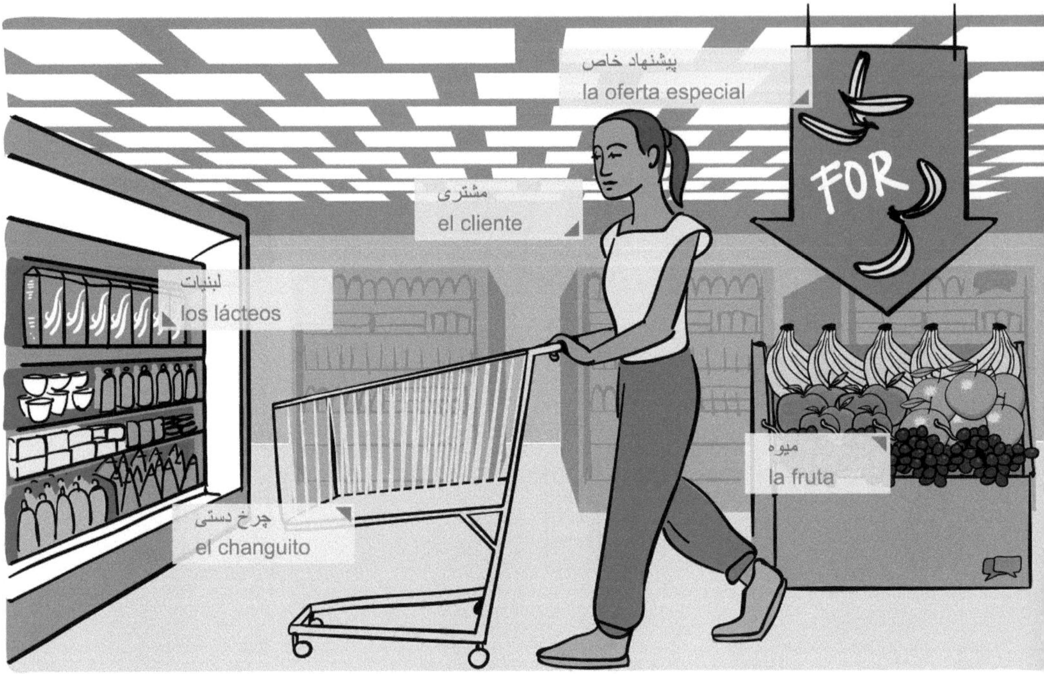

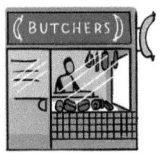

قصابی
la carnicería

BAKERY

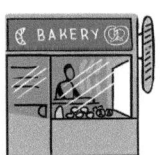

نانوایی
la panadería

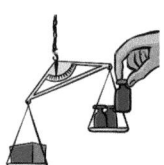

وزن کردن
pesar

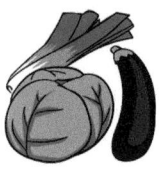

سبزیجات
las verduras

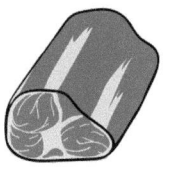

گوشت
la carne

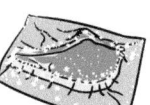

غذای منجمد
los alimentos congelados

غذای سرد

los fiambres

غذای کنسر شده

los alimentos enlatados

پودر رختشویی

el detergente en polvo

شیرینی

las golosinas

لوازم خانگی

los electrodomésticos

محصولات پاک کننده

los productos de limpieza

فروشنده

la vendedora

دخل پیسه

la caja

صندوقدار

el cajero

لست خرید

la lista de compras

ساعات کاری

el horario de atención

بکسک جیبی

la billetera

کریدیت کارت

la tarjeta de crédito

بیگ

la cartera

بیگ پلاستیکی

la bolsa de plástico

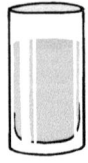

آب
....
el agua

جوس
....
el jugo

شیر
....
la leche

نوشابه
....
la bebida cola

شراب
....
el vino

بیر
....
la cerveza

الکول
....
el alcohol

ککو
....
el cacao

چای
....
el té

قهوه
....
el café

اسپرسو
....
el café expreso

کاپوچینو
....
el cappuccino

la comida

کیله

la banana

سیب

la manzana

مالته

la naranja

تربوز

el melón

لیمو

el limón

زردگ

la zanahoria

سیر

el ajo

چوب خیزران

el bambú

پیاز

la cebolla

سمارق

el champiñón

مغزیات

las nueces

آش

los fideos

مکرونی

los tallarines

برنج

el arroz

سلاد

la ensalada

چیپس

las papas fritas

کچالو سرخ کرده

las papas fritas

پیتزا

la pizza

همبرگر

la hamburguesa

ساندویچ

el sándwich

کتلت

el churrasco

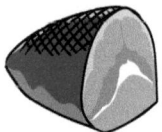

همبرگر

el jamón

سالامی

el salame

ساسج

la salchicha

مرغ

el pollo

کباب

el asado

ماهی

el pescado

فرنی جو

los copos de avena

صبحانه رژیمی

el muesli

کورن فلکس

los copos de maíz

آرد

la harina

کروسانت

la medialuna

قرص نان

el pancito

نان خشک

el pan

توست / نان بریان

la tostada

بیسکیت

las galletitas

مسکه

la manteca

چکه

la cuajada

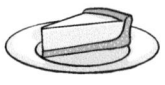

کیک

la torta

تخم مرغ

el huevo

تخم مرغ سرخ شده

el huevo frito

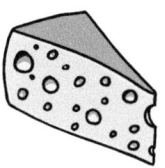

پنیر

el queso

آیسکریم
....
el helado

شکر
....
el azúcar

عسل
....
la miel

مربا
....
la mermelada

مسکه چاکلیت
....
la pasta de chocolate

زردچوبه هندی
....
el curry

مزرعه

la granja

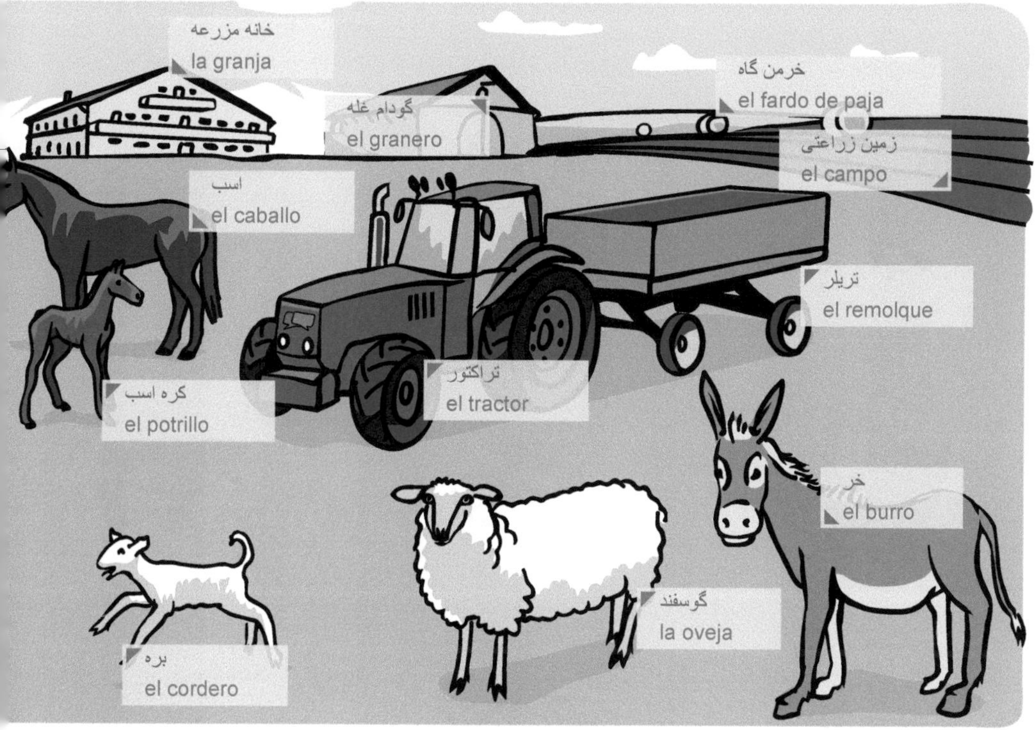

خانه مزرعه
la granja
گودام غله
el granero
خرمن گاه
el fardo de paja
زمین زراعتی
el campo
اسب
el caballo
تریلر
el remolque
کره اسب
el potrillo
تراکتور
el tractor
خر
el burro
گوسفند
la oveja
بره
el cordero

بز

la cabra

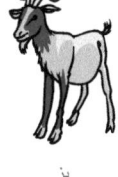

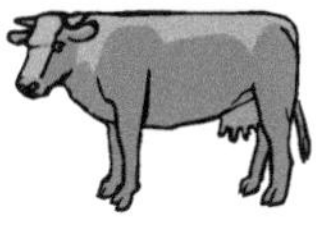

گاو

la vaca

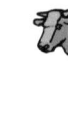

گوساله

el ternero

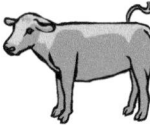

خوک

el cerdo

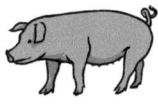

خوکچه

el lechón

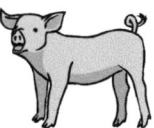

گاو نر

el toro

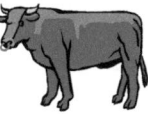

قاز

el ganso

مرغابی

el pato

چوچه مرغ

el pollo

مرغ

la gallina

خروس

el gallo

موش صحرایی

la rata

پیشک

el gato

موش

el ratón

گاومیش

el buey

سگ

el perro

خانه سگ

la cucha

خانه باغ

la manguera

آبپاش

la regadera

داس

la guadaña

قولبه کردن

el arado

داس
....
la hoz

کج بیل
....
la azada

چنگال باغبانی
....
la horquilla

تبر
....
el hacha

کراچی
....
la carretilla

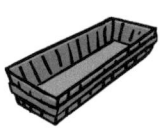

تغار
....
el abrevadero

قوطی شیر
....
la lechera

بوجی
....
la bolsa

دیوار مرزی از چوب یا سیم خار دار

....
la reja

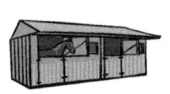

پایدار
....
el establo

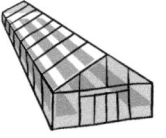

گلخانه
....
el invernadero

خاک
....
el suelo

تخم
....
la semilla

کود
....
el fertilizador

ماشین درو وخرمنکوبی
....
la cosechadora

درو کردن

cosechar

درو

la cosecha

کچالو شرین

las batatas

گندم

el trigo

سویا

la soja

کچالو

la papa

جواری

el maíz

کلزا

la semilla de colza

درخت میوه

el árbol frutal

مانیوک

la mandioca

غلات و حبوبات

los cereales

la casa

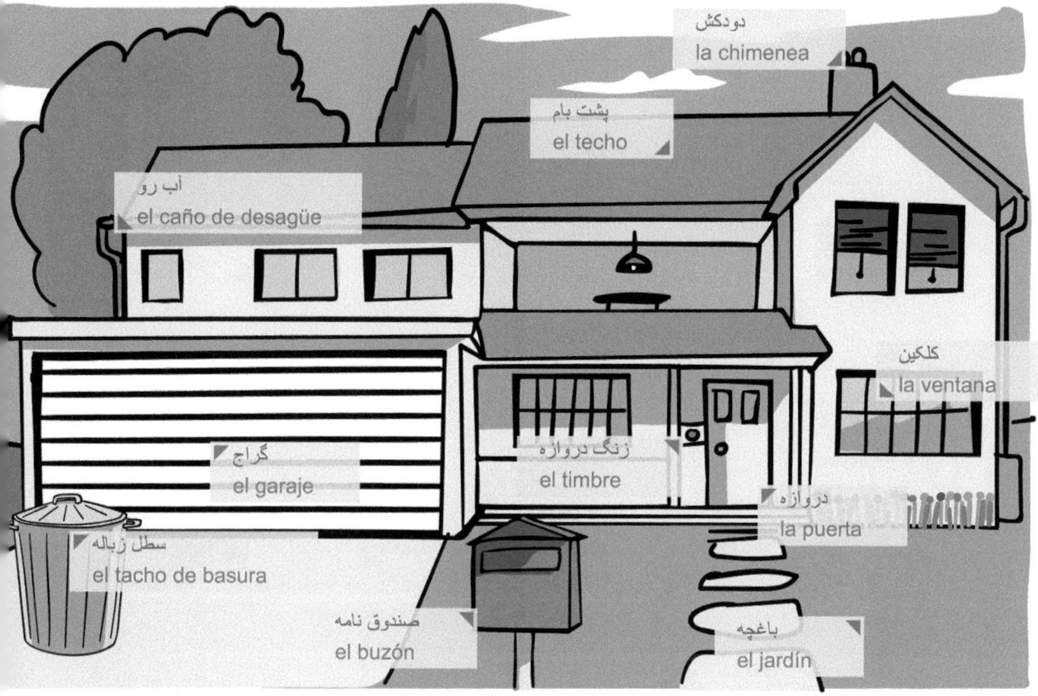

دودکش
la chimenea

پشت بام
el techo

آب رو
el caño de desagüe

کلکین
la ventana

گراج
el garaje

زنگ دروازه
el timbre

دروازه
la puerta

سطل زباله
el tacho de basura

صندوق نامه
el buzón

باغچه
el jardín

اطاق نشیمن
el living

حمام / دستشویی
el baño

آشپزخانه
la cocina

اطاق خواب
el dormitorio

اطاق اطفال
el cuarto de los chicos

اطاق پذیرایی
el comedor

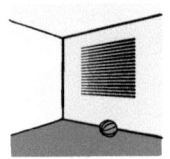

كف زمين

el piso

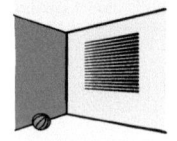

ديوار

la pared

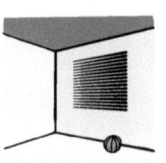

سقف

el cielorraso

گودام زير زمينى

el sótano

سونا

el sauna

بالكن

el balcón

برنده / بالكن

la terraza

حوض

la pileta

ماشين درو كردن چمن

la cortadora de pasto

ورق كاغذ

la sábana

روجايى

el acolchado

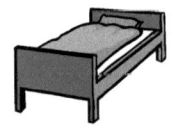

تختخواب

la cama

جارو

la escoba

سطل

el balde

سويچ

el interruptor

اطاق نشیمن
el living

کاغذ دیواری
el empapelado
تصویر
la imagen
چراغ
la lámpara
قفسه
el estante
کابینت
el armario
تلویزیون
la televisión
بخاری دیواری
la chimenea
گل
la flor
بالشت
el almohadón
کوچ
el sofá
گلدان
el florero
ریموت کنترول
el control remoto

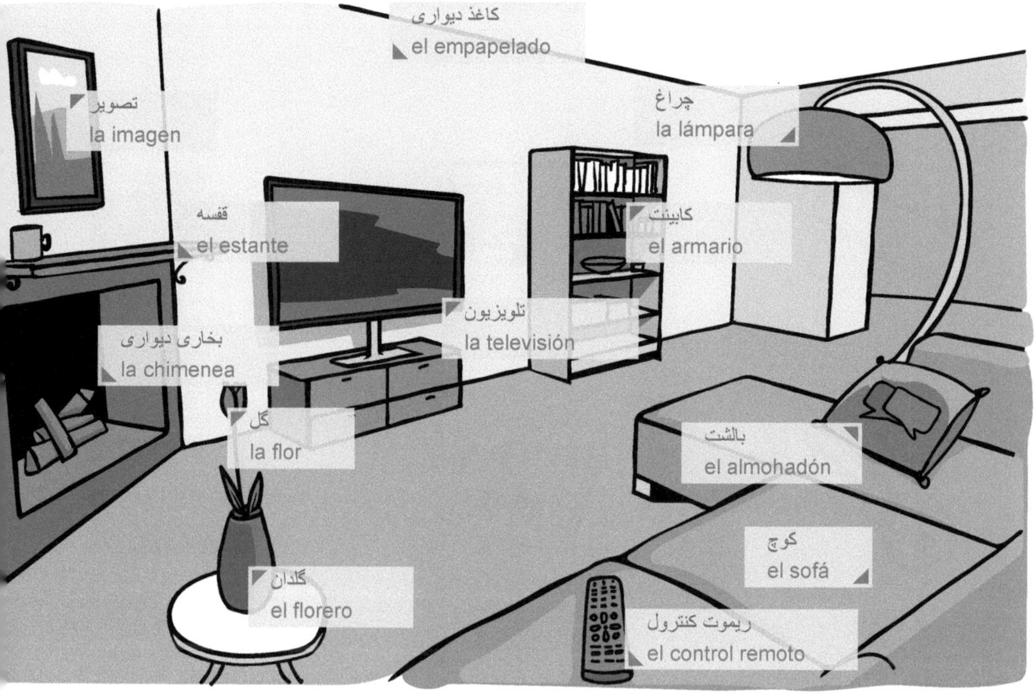

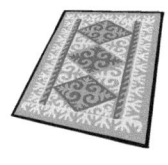

فرش
....
la alfombra

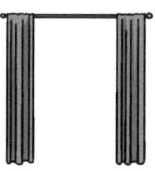

پرده
....
la cortina

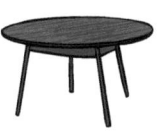

میز
....
la mesa

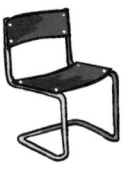

چوکی
....
la silla

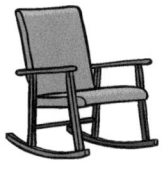

چوکی گهواره یی
....
la mecedora

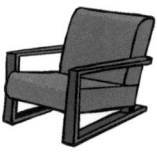

چوکی دسته دار
....
el sillón

كتاب

el libro

كمپل

la frazada

دكوراسيون

la decoración

هيزم

la leña

فلم

la película

سيستم هاى فاى

el equipo de música

كليد

la llave

روزنامه

el diario

تابلوى نقاشى

la pintura

پوستر

el póster

راديو

la radio

دفتر

el cuaderno

جاروبرقى

la aspiradora

كاكتوس

el cactus

شمع

la vela

آشپزخانه
la cocina

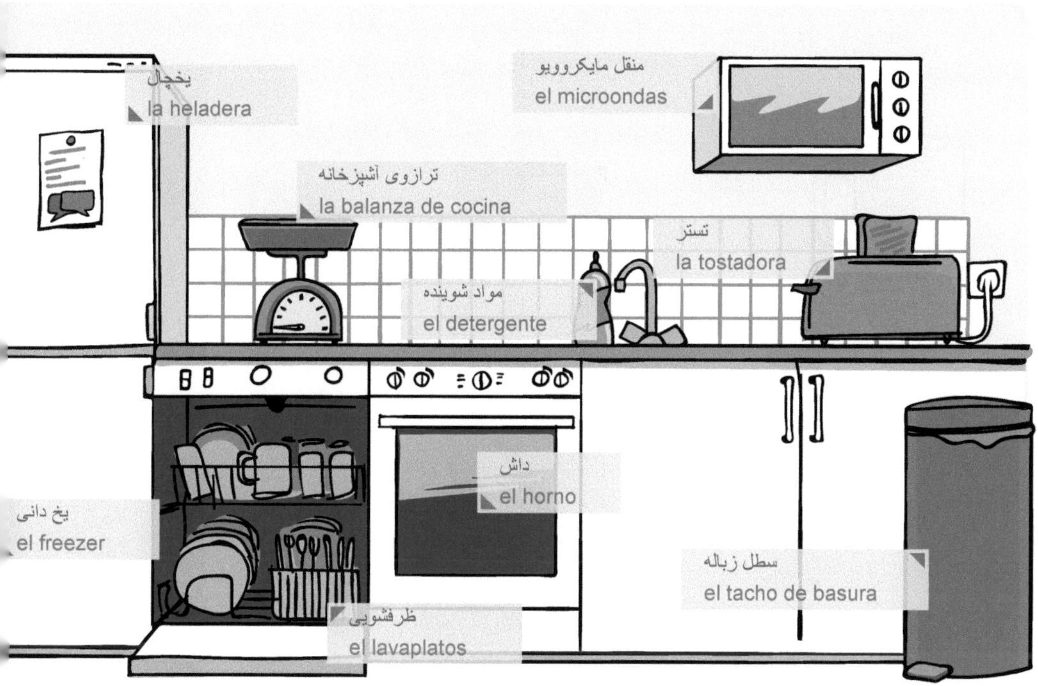

یخچال
la heladera
منقل مایکروویو
el microondas
ترازوی آشپزخانه
la balanza de cocina
تستر
la tostadora
مواد شوینده
el detergente
داش
el horno
یخ دانی
el freezer
سطل زباله
el tacho de basura
ظرفشویی
el lavaplatos

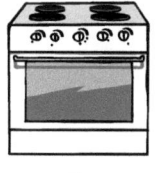

منقل

la cocina

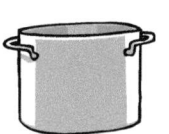

دیگ

la olla

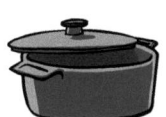

دیگ چدنی

la olla de hierro fundido

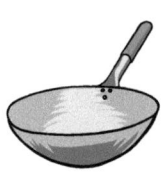

کراهی

el wok

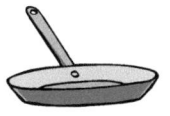

تابه

la sartén

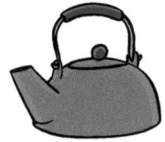

چای جوش

la pava

بخارپز

la vaporera

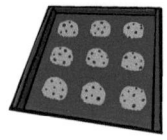

پطنوس طباخی

la bandeja de horno

ظروف

la vajilla

پیاله کلان

la taza

کاسه

el bol

چاپستیک ها

los palitos

ملاقه

el cucharón

کفگیر

la espátula

مخلوط کننده

la batidora

چلو صاف

el colador

غلبیل

el colador

رنده

el rallador

هاونگ

el mortero

بار بیکیو

la parrilla

آتش باز

la fogata

تخته برش

la tabla de picar

آشگز

el palo de amasar

سر بازکن

el sacacorchos

قوطی

la lata

سر باز کن

el abrelatas

دستگیره تکه ای

la manopla

ظرف شویی

la pileta

برس ظرف شویی

el cepillo

اسفنج

la esponja

مخلوط کن

la batidora

فریزر

el congelador

شیر چوشک اطفال

la mamadera

نل آب

la canilla

گرم کننده
la calefacción

شاور
la ducha

جان پاک
la toalla

پرده حمام
la cortina de la ducha

حمام کف
el baño de espuma

تب حمام
la bañadera

ماشین لباسشویی
el lavarropas

گیلاس
el vaso

نل آب
la canilla

کاشی
las baldosas

پات اطفال
la pelela

ظرف شویی
la pileta

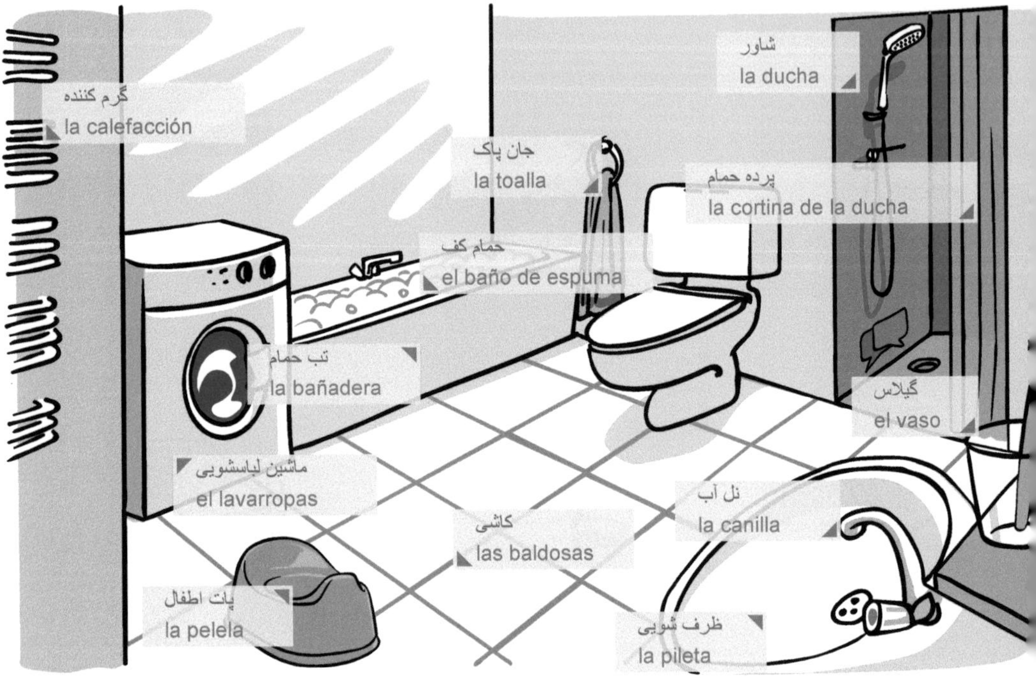

تشناب
el inodoro

کمود فرشی
la letrina

کمود
el bidé

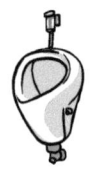

تشناب مرد ها
el mingitorio

کاغذ تشناب
el papel higiénico

برس کمود
el cepillo para el inodoro

برس دندان

el cepillo de dientes

کریم دندان

el dentífrico

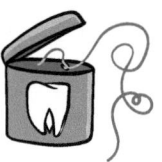

نخ دندان

el hilo dental

شستن

lavar

شاور دستی

la ducha de mano

شاور کمود

la ducha higiénica

دستشویی

la palangana

برس پشت

el cepillo para la espalda

صابون

el jabón

جل حمام

el gel de ducha

شامپو

el shampoo

لیف

la toallita

آب رو

el desagüe

کریم

la crema

بوزدا

el desodorante

آینه

el espejo

آینه دستی

el espejito

ریش تراش

la maquinita de afeitar

کف ریش تراشی

la espuma de afeitar

کلونیا

el aftershave

شانه موی

el peine

برس

el cepillo

سشوار

el secador de pelo

اسپری مو

el spray

آرایش

el maquillaje

لب سرین

el lápiz de labios

رنگ ناخن

el esmalte para uñas

پشم پنبه

el algodón

ناخن گیر

la tijera para uñas

عطر

el perfume

کیسه شستشو

el portacosméticos

چوکی چار پایه

la banqueta

ترازوی وزن

la balanza

جان پاک

la bata

دستکش پلاستیکی

los guantes de goma

تامپون

el tampón

کوتکس

la toallita femenina

تشناب سیار

el baño químico

اطاق اطفال

el cuarto de los chicos

ساعت زنگ دار
el despertador
گدی های نرم
el peluche
موتر سامان بازی
el coche de juguete
جرنگانه
el sonajero
خانه گدی
la casa de muñecas
هدیه
el regalo

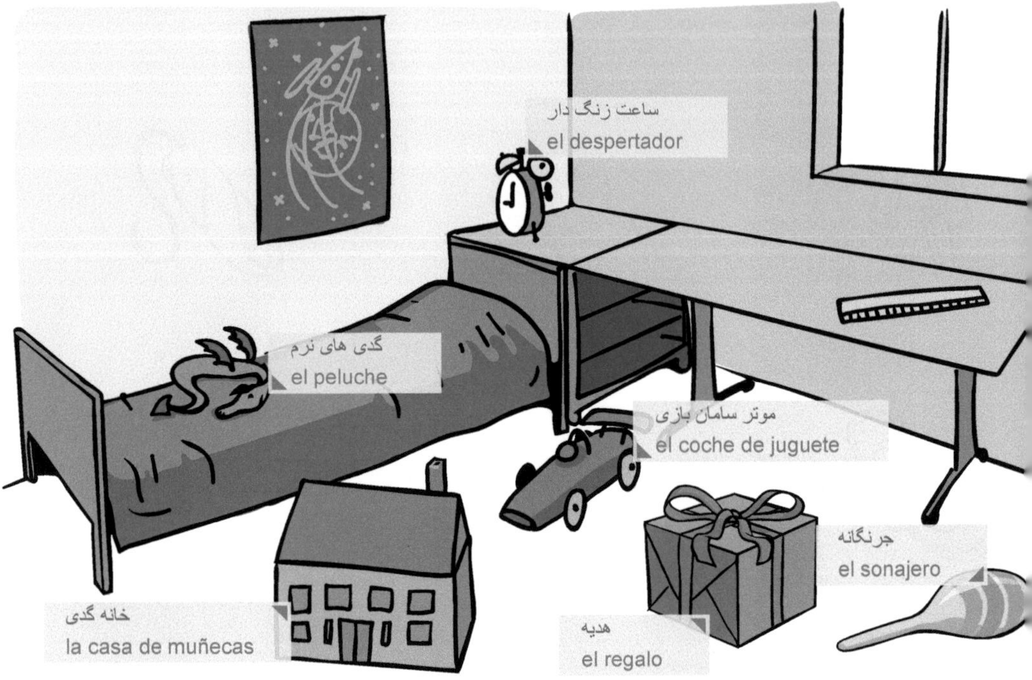

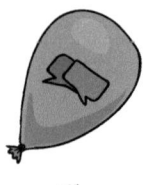

پوقانه
....
el globo

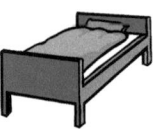

تختخواب
....
la cama

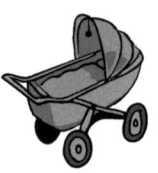

ریکشه اطفال
....
el cochecito

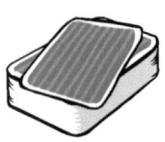

قطعه بازی
....
las cartas

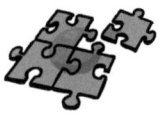

پازل
....
el rompecabezas

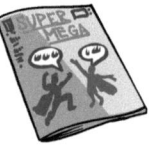

خنده آور
....
la historieta

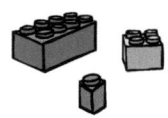

خشت های لگو

las piezas de lego

بلوک های سامان بازی

los ladrillos de juguete

پچه فلم

la figura de acción

لباس طفل

el enterito (de bebé)

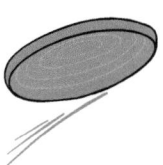

فریزبی

el frisbee

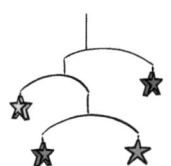

سامان بازی که روی تخت خواب اطفال اویزان می شود

el móvil para bebés

بازی تخته یی

el juego de mesa

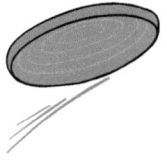

تاس

los dados

ریل اسباب بازی

el tren eléctrico

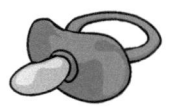

چوشک

el chupete

مهمانی

la fiesta

کتاب تصویری

el libro de cuentos ilustrado

توپ

la pelota

گدیگک

la muñeca

بازی کردن

jugar

جعبه ریگ

el arenero

گاز

la hamaca

اسباب بازی

los juguetes

کنسول بازی کمپیوتری

la consola de videojuegos

سه چرخه

el triciclo

خرس سامان بازی

el osito de peluche

الماری لباس

el armario

جوراب

las medias

جوراب دراز

las medias panty

برجس

las calzas

چادر سر
la bufanda

چتری
el paraguas

کمربند
el cinturón

بلوز
la remera

بوت
las botas

چپلک
las pantuflas

کرمچ
las zapatillas

چپلی
las sandalias

بوت
los zapatos

موزه پلاستیکی
las botas de goma

نیکر
la ropa interior

واسکت زنانه
el corpiño

واسکت
el chaleco

بدن

el body

برزو

los pantalones

پتلون کاوبای

los jeans

دامن

la pollera

بلوز

la blusa

پیراهن

la camisa

بالان

el pulóver

جاکت کلاه دار

el buzo

جاکت

el blazer

چمپر

la campera

کورتی

el tapado

کوت بارانی

el piloto

لباس مخصوص مراسم

el traje

پیراهن

el vestido

لباس عروسی

el vestido de novia

لباس - la ropa

دريشى
......
el traje

لباس خواب
......
el camisón

پاجامه
......
el pijama

سارى
......
el sari

چادر سر
......
el pañuelo para la cabeza

لنگى
......
el turbante

چادرى
......
la burka

كفتان
......
el caftán

چادر
......
la abaya

لباس آببازى
......
el traje de baño

نيكر پاچه دار
......
el short de baño

پتلون نصفه
......
los shorts

لباس ورزشى
......
el jogging

پيش بند
......
el delantal

دستكش
......
los guantes

دكمه

el botón

عینک

los anteojos

دستبند

la pulsera

گردن بند

el collar

انگشتر

el anillo

گوشواره

el aro

كلاه پیک دار

la gorra

كوت بند

la percha

كلاه

el sombrero

نیكتایی

la corbata

زیپ

el cierre

كلاه مصون

el casco

بند تنبان

los tiradores

یونیفورم مكتب

el uniforme escolar

یونیفورم

el uniforme

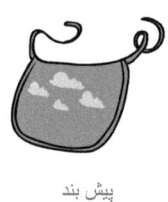

پیش بند

el babero

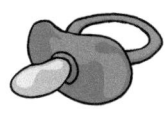

چوشک

el chupete

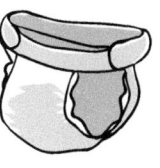

پمپر

el pañal

دفتر
la oficina

سرور
el servidor
الماری اسناد
el archivero
کاغذ
el papel
پرینتر
la impresora
مانیتور
el monitor
ماوس
el mouse
میز کار
el escritorio
فولدر
la carpeta
کیبورد
el teclado
سبد کاغذ باطله
el tacho (de basura)
کمپیوتر
la computadora
چوکی
la silla

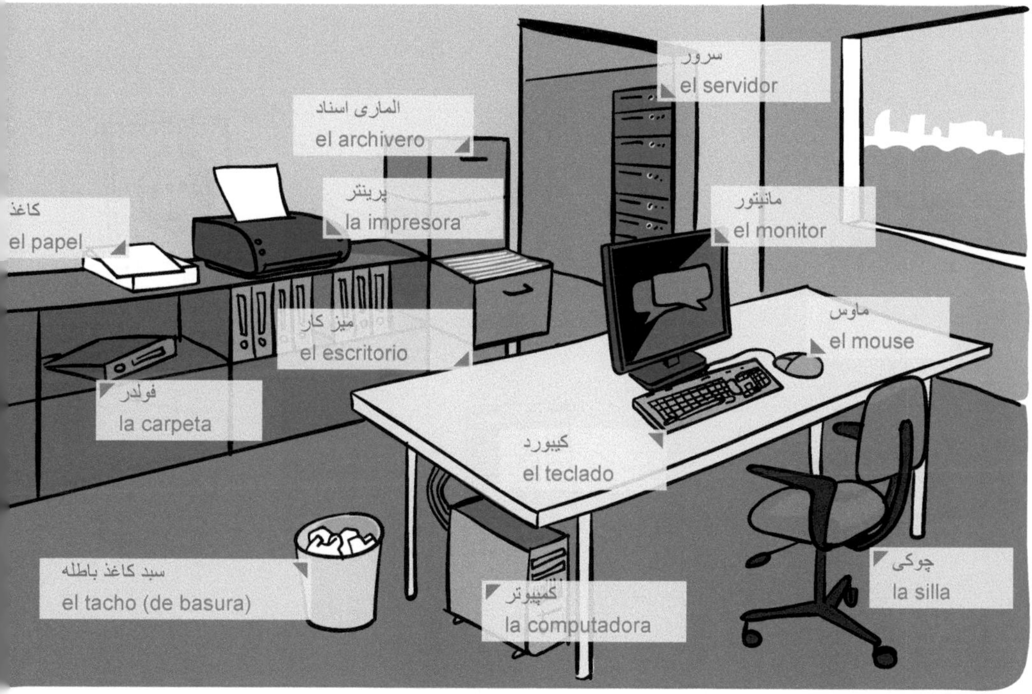

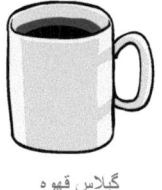

گیلاس قهوه

la taza de café

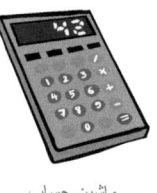

ماشین حساب

la calculadora

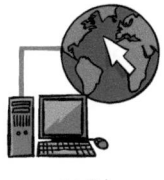

اینترنت

el internet

لپ تاپ

la laptop

نامه

la carta

پیام

el mensaje

موبایل

el celular

شبکه

la red

ماشین فوتوکاپی

la fotocopiadora

نرم افزار

el software

تلیفون

el teléfono

پلک

el tomacorriente

دستگاه فکس

el fax

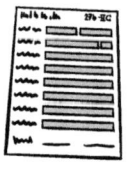

فورمه

el formulario

سند

el documento

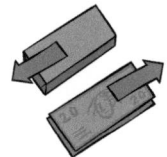

خرید کردن

comprar

پرداختن

pagar

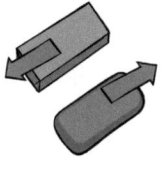

تجارت کردن

hacer negocios

پول

el dinero

دالر

el dólar

یورو

el euro

ین

el yen

روبل

el rublo

فرانک سوئیس

el franco suizo

یوان رنمینبی

el yuan

روپیه

la rupia

خودپرداز

el cajero automático

دفتر صرافى
....
la casa de cambio

طلا
....
el oro

نقره
....
la plata

نفت
....
el petróleo

انرژى
....
la energía

قيمت
....
el precio

قرارداد
....
el contrato

ماليات
....
el impuesto

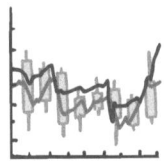

سهام
....
la acción

كار كردن
....
trabajar

كارمند
....
el empleado

استخدام كننده
....
el empleador

فابريكه
....
la fábrica

مغازه
....
el negocio

شغل ها

las ocupaciones

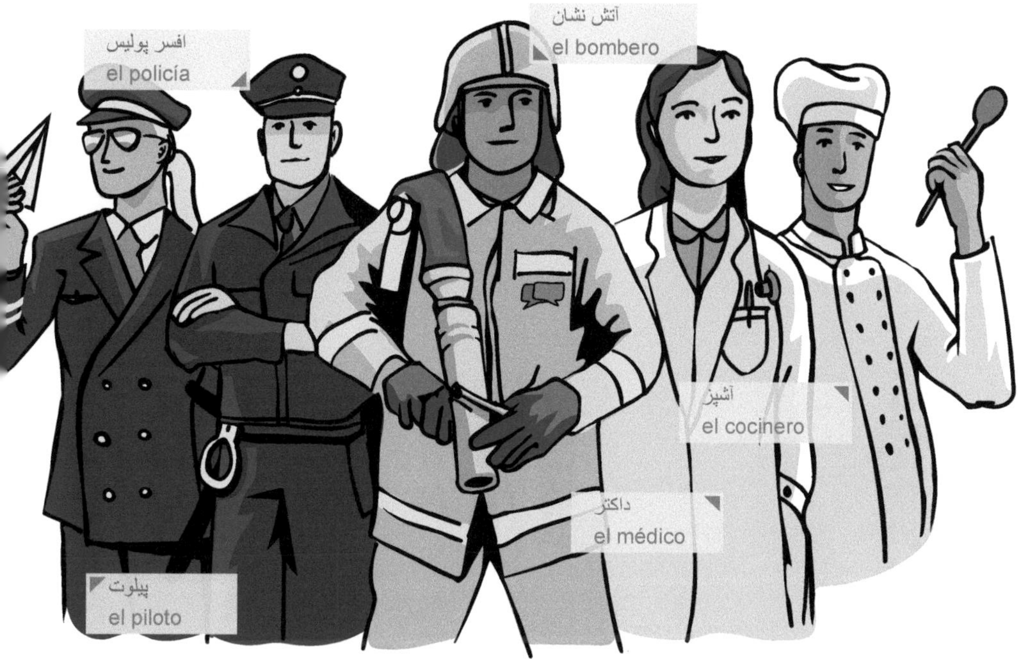
افسر پولیس
el policía
آتش نشان
el bombero
آشپز
el cocinero
داکتر
el médico
پیلوت
el piloto

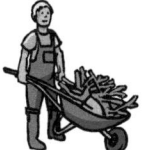

باغبان

el jardinero

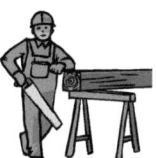

نجار

el carpintero

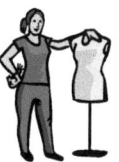

خیاط

la modista

قاضی

el juez

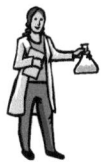

کیمیا دان

el farmacéutico

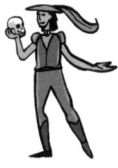

بازیگر

el actor

راننده بس

el colectivero

راننده تکسی

el taxista

ماهیگیر

el pescador

خدمه

la mucama

سقف ساز

el techista

پیشخدمت

el mozo

شکارچی

el cazador

نقاش

el pintor

نانوا

el panadero

برقی

el electricista

بنا

el albañil

انجنیر

el ingeniero

قصاب

el carnicero

نلدوان

el plomero

پستچی

el cartero

سرباز
....
el soldado

معمار
....
el arquitecto

صندوقدار
....
el cajero

گل فروش
....
el florista

آرایشگر
....
el peluquero

مامور تکت ریل
....
el cobrador

میخانیک
....
el mecánico

کاپیتان
....
el capitán

داکتر دندان
....
el dentista

دانشمند
....
el científico

خاخام/ عالم یهودی
....
el rabino

امام
....
el imán

راهب
....
el monje

ملا
....
el sacerdote

ابزار

las herramientas

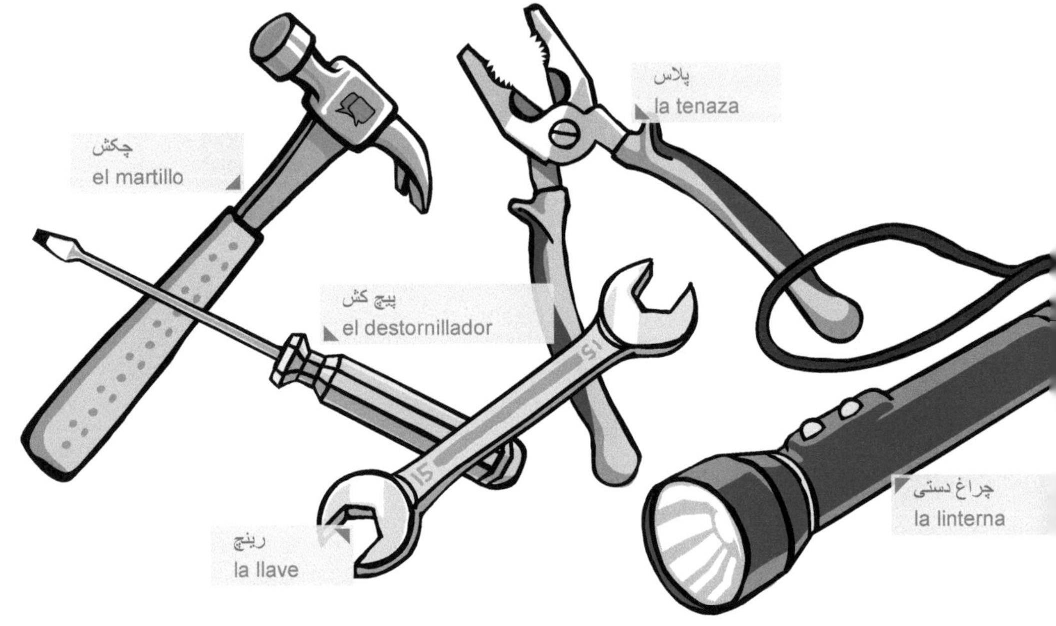

چکش
el martillo
پلاس
la tenaza
پیچ کش
el destornillador
رینچ
la llave
چراغ دستی
la linterna

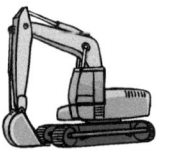

ماشین حفاری

la excavadora

جعبه ابزار

la caja de herramientas

زینه

la escalera portátil

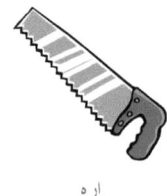

اره

la sierra

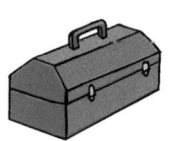

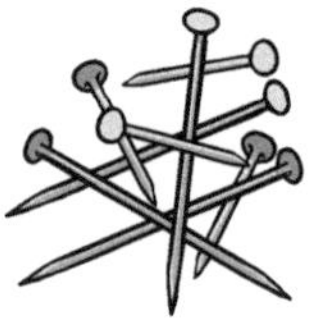

میخ

los clavos

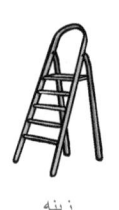

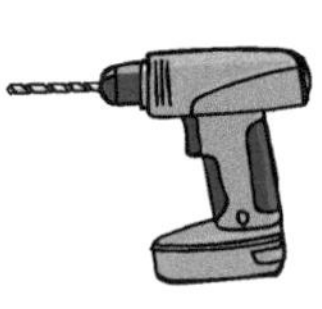

برمه

el taladro

ترمیم کردن

arreglar

بیل

la pala de jardín

لعنتی!

¡Qué bronca!

خاکروبه

la pala de plástico

سطل رنگ

el tacho de pintura

پیچ

los tornillos

آلات موسیقی

los instrumentos musicales

درام کیت
la batería

بلندگو
el parlante

کنترباس
el contrabajo

گیتار
la guitarra

ترومپت
la trompeta

پیانو

el piano

وایلن

el violín

گیتار بیس

el bajo

دهل

los timbales

دول

el tambor

پیانوی برقی

el teclado

ساکسوفون

el saxofón

توله

la flauta

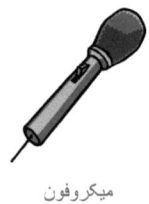

میکروفون

el micrófono

باغ وحش

el zoológico

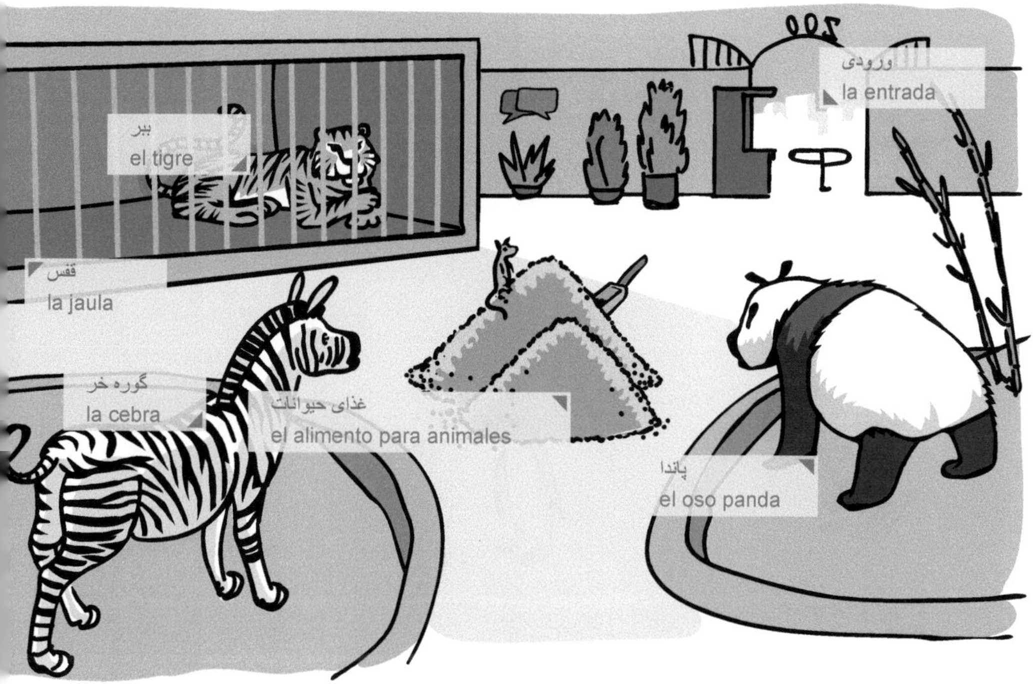

ورودی
la entrada
ببر
el tigre
قفس
la jaula
گوره خر
la cebra
غذای حیوانات
el alimento para animales
پاندا
el oso panda

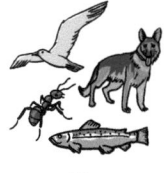

حیوانات

los animales

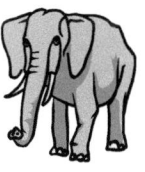

فیل

el elefante

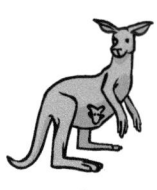

کانگورو

el canguro

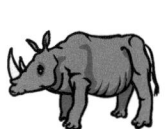

غژ گاو

el rinoceronte

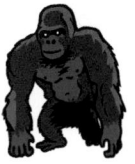

گوریلا

el gorila

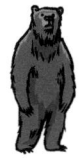

خرس

el oso

شتر

el camello

شترمرغ

el avestruz

شیر

el león

میمون

el mono

فلامینگو

el flamenco

طوطی

el loro

خرس قطبی

el oso polar

پنگوئن

el pingüino

کوسه

el tiburón

طاووس

el pavo real

مار

la serpiente

تمساح

el cocodrilo

نگهبان باغ وحش

el cuidador del zoológico

سگ آبی

la foca

پلنگ خالدار امریکایی

el jaguar

اسب کوچک
....
el poni

پلنگ
....
el leopardo

اسب آبی
....
el hipopótamo

زرافه
....
la jirafa

عقاب
....
el águila

خوک وحشی
....
el jabalí

ماهی
....
el pescado

سنگ پشت
....
la tortuga

شیر دریایی
....
la morsa

روباه
....
el zorro

غزال
....
la gacela

فوتبال امریکایی
el fútbol americano

بایسکل سواری
el ciclismo

تنیس
el tenis

باسکتبال
el básquet

آب بازی
la natación

بوکس
el boxeo

هاکی روی یخ
el hockey sobre hielo

فوتبال
el fútbol

بدمینتون
el bádminton

ورزشکاری
el atletismo

هندبال
el handball

اسکی
el esquí

پولو
el polo

فعالیت ها

las actividades

خندیدن
reír
خیز زدن
saltar
بغل کردن
abrazar
راه رفتن
caminar
خواندن
cantar
خواب دیدن
soñar
دعا کردن
rezar
بوسیدن
besar

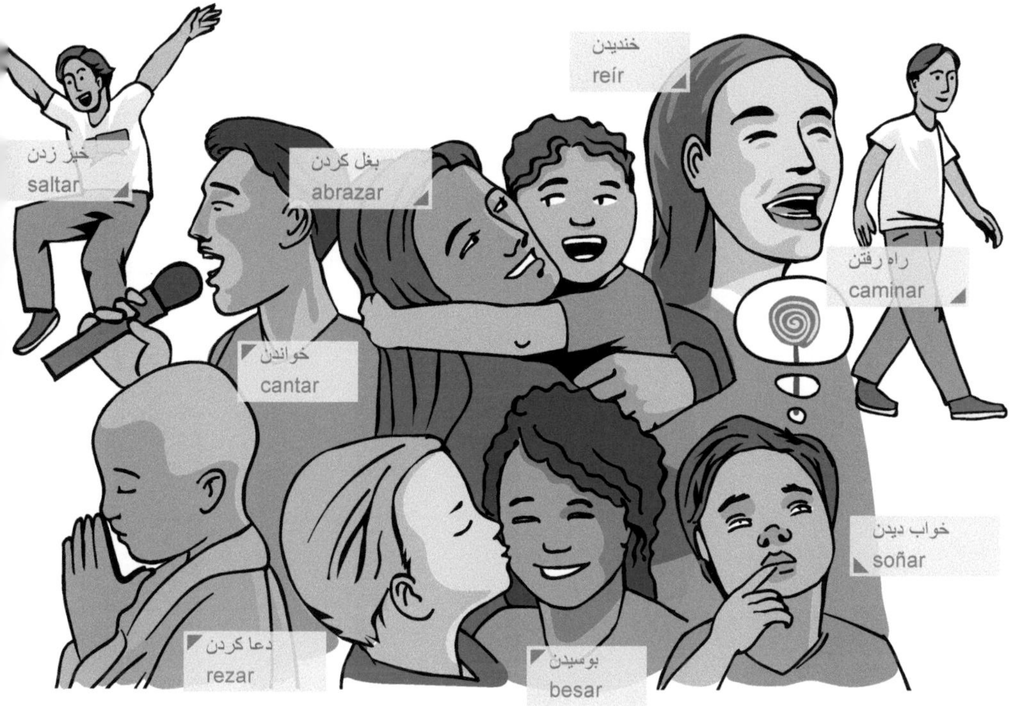

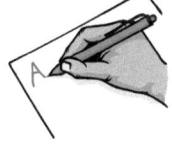

نوشتن

escribir

کشیدن

dibujar

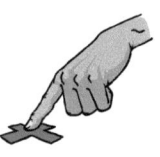

نشان دادن

mostrar

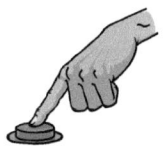

تیله کردن

presionar

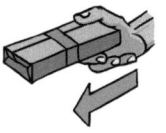

دادن

dar

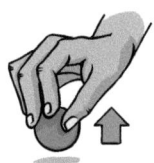

گرفتن

tomar

داشتن
tener

انجام دادن
hacer

بودن
ser

ایستادن
estar parado

دویدن
correr

کش کردن
tirar

پرتاب کردن
tirar

افتادن
caer

دروغ گفتن
estar acostado

صبر کردن
esperar

حمل کردن
llevar

نشستن
estar sentado

لباس پوشیدن
vestirse

خوابیدن
dormir

بیدار شدن
despertar

نگاه کردن

mirar

گریه کردن

llorar

ضربه زدن

acariciar

شانه کردن

peinar

صحبت کردن

hablar

فهمیدن

entender

پرسیدن

preguntar

گوش دادن

escuchar

نوشیدن

beber

خوردن

comer

مرتب کردن

ordenar

عشق ورزیدن

amar

پختن

cocinar

راننده گی کردن

manejar

پرواز کردن

volar

روی آب حرکت کردن

navegar

حساب کردن

calcular

خواندن

leer

یاد گرفتن

aprender

کار کردن

trabajar

ازدواج کردن

casarse

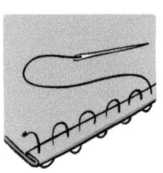

دوختن

coser

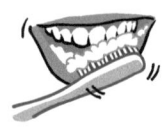

برس کردن دندان ها

cepillarse los dientes

کشتن

matar

سگریت کشیدن

fumar

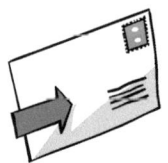

فرستادن

enviar

فامیل

la familia

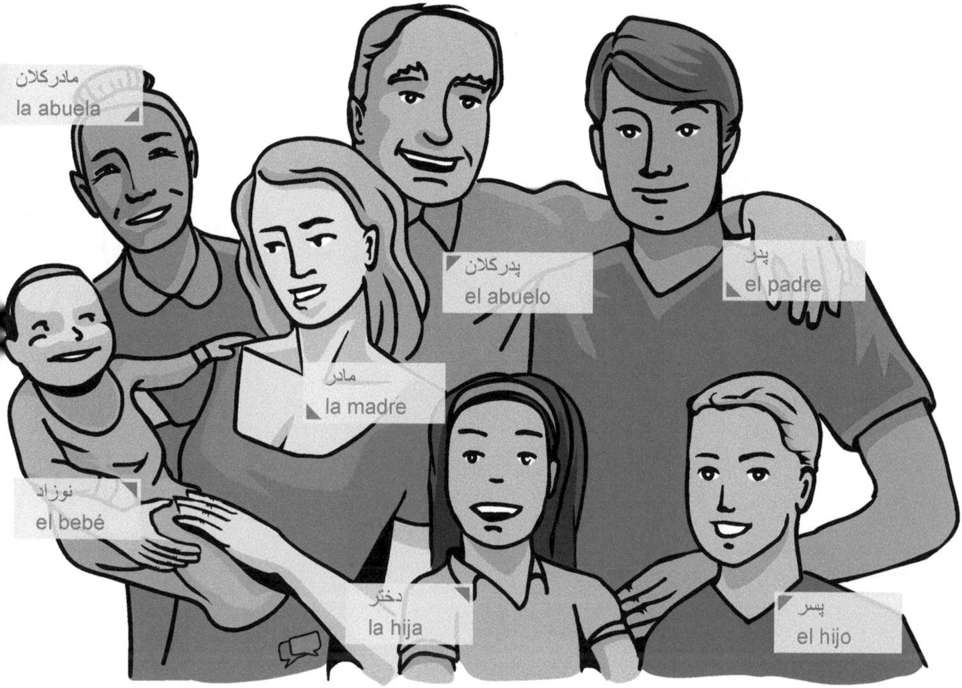

مادرکلان
la abuela
پدرکلان
el abuelo
پدر
el padre
مادر
la madre
نوزاد
el bebé
دختر
la hija
پسر
el hijo

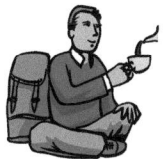

مهمان

el invitado

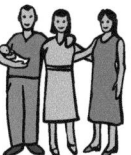

عمه / خاله

la tía

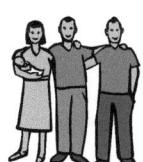

ماما/کاکا

el tío

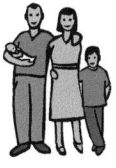

برادر

el hermano

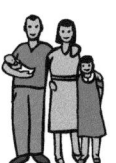

خواهر

la hermana

el cuerpo

پیشانی
la frente

چشم
el ojo

شانه
el hombro ◄

انگشت
el dedo

روی
la cara

زنخ
la pera

دست
la mano

سینه
el pecho ◄

پا
la pierna

بازو
el brazo

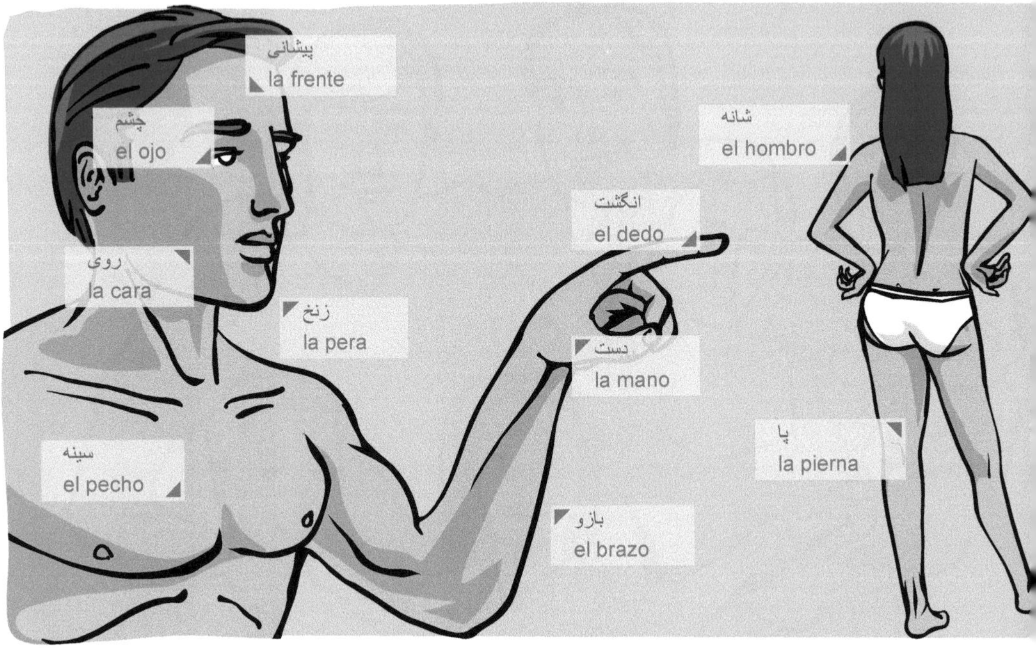

نوزاد
....
el bebé

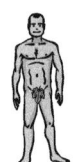

مرد
....
el hombre

زن
....
la mujer

دختر
....
la nena

پسر
....
el nene

سر
....
la cabeza

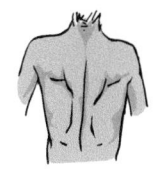

کمر
....
la espalda

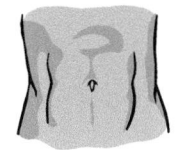

شکم
....
la panza

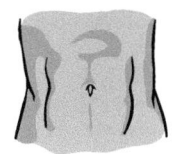

ناف
....
el ombligo

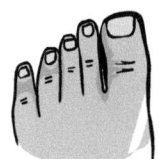

انگشت پا
....
el dedo del pie

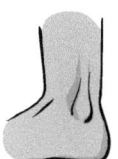

کوری پای
....
el talón

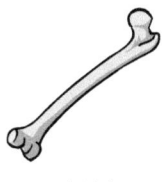

استخوان
....
el hueso

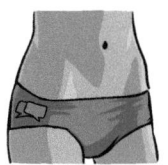

کمر
....
la cadera

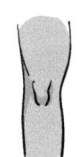

زانو
....
la rodilla

آرنج
....
el codo

بینی
....
la nariz

سرین
....
la cola

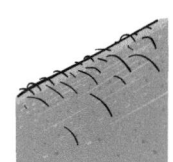

پوست
....
la piel

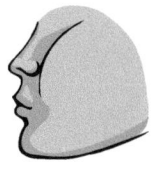

کومه
....
el cachete

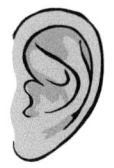

گوش
....
la oreja

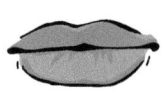

لب
....
el labio

دهان
....
la boca

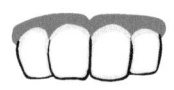

دندان
....
el diente

زبان
....
la lengua

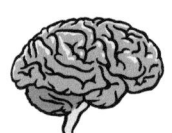

مغز
....
el cerebro

قلب
....
el corazón

عضله
....
el músculo

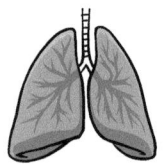

شش
....
el pulmón

جگر
....
el hígado

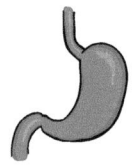

معده
....
el estómago

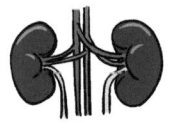

گرده
....
los riñones

رابطه جنسی
....
el sexo

كاندوم
....
el preservativo

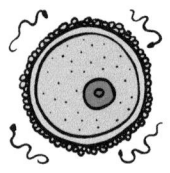

تخمه
....
el óvulo

آب منی
....
el semen

حاملگی
....
el embarazo

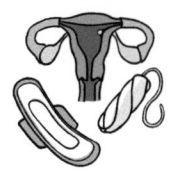

قاعده گی
....
la menstruación

مجرای تناسلی زن
....
la vagina

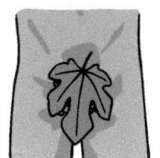

آلت تناسلی مرد
....
el pene

ابرو
....
la ceja

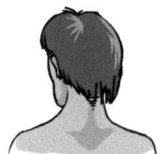

مو
....
el pelo

گردن
....
el cuello

شفاخانه

el hospital

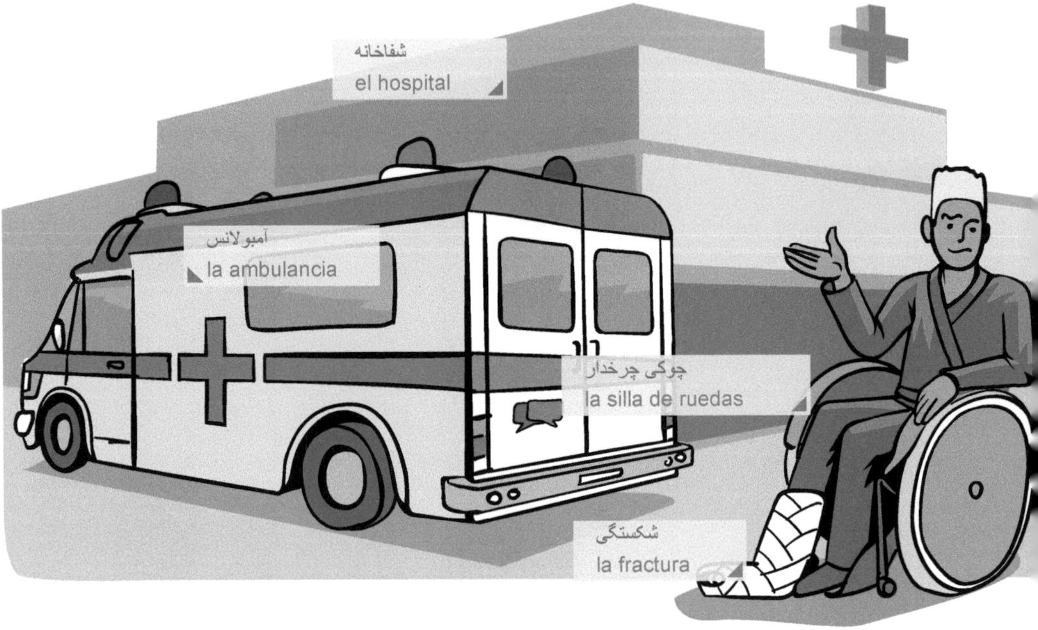

شفاخانه
el hospital
آمبولانس
la ambulancia
چوکی چرخدار
la silla de ruedas
شکستگی
la fractura

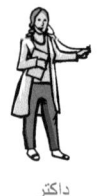

داکتر

el médico

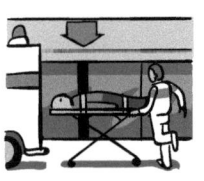

اطاق عاجل

la sala de guardia

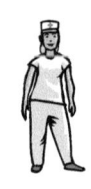

نرس

la enfermera

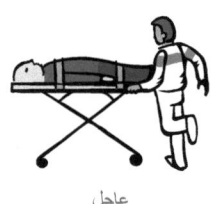

عاجل

la emergencia

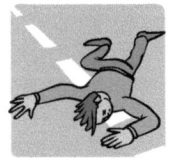

بیهوش

inconsciente

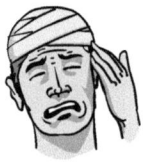

درد

el dolor

جراحت
....
la lesión

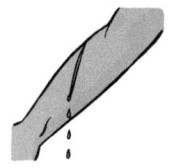

خونریزی
....
la hemorragia

حمله قلبی
....
el infarto

سکته مغزی
....
el ACV

حساسیت
....
la alergia

سرفه
....
la tos

تب
....
la fiebre

انفلوانزا
....
la gripe

اسهال
....
la diarrea

سردرد
....
el dolor de cabeza

سرطان
....
el cáncer

شکر
....
la diabetes

جراح
....
el cirujano

چاقوی جراحی
....
el bisturí

عملیات
....
la operación

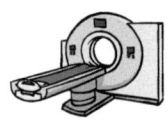

سی تی
....
la TC

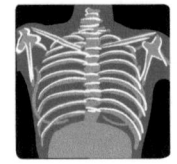

ایکسری
....
los rayos x

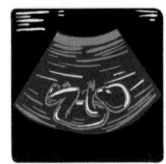

سونوگرافی
....
la ecografía

ماسک روی
....
el barbijo

مریضی
....
la enfermedad

اطاق انتظار
....
la sala de espera

عصا
....
la muleta

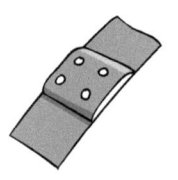

گچ
....
la curita

پانسمان
....
la venda

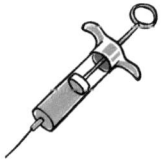

تزریق
....
la inyección

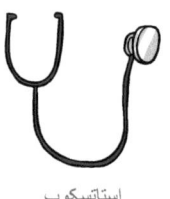

استاتسکوپ
....
el estetoscopio

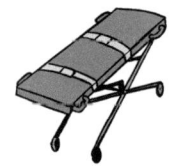

تذکره
....
la camilla

ترمامیتر کلینیکی
....
el termómetro

تولد
....
el nacimiento

اضافه وزن
....
el sobrepeso

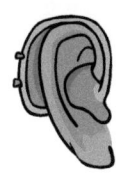

سمعک

el audífono

ضدعفونی کننده

el desinfectante

عفونت

la infección

وایروس

el virus

اچ آی وی / ایدز

el VIH / SIDA

ادویه

el remedio

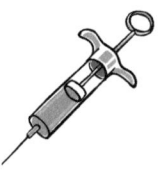

واکسیناسیون

la vacunación

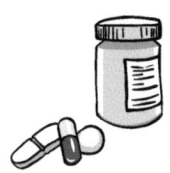

تابلیت ها

los comprimidos

تابلیت

la pastilla anticonceptiva

تماس اضطراری

llamada de emergencia

مانیتور فشار خون

el tensiómetro

بیمار / سالم

enfermo / sano

كمك!

¡Ayuda!

زنگ هشدار

la alarma

تجاوز

la agresión

حمله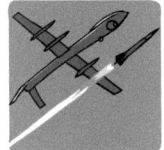

el ataque

خطر

el peligro

خروج اضطراری

la salida de emergencia

آتش!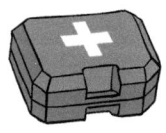

¡Fuego!

آله ضد حریق

el matafuego

حادثه

el accidente

بکسه کمک های اولیه

el botiquín de primeros auxilios

پیام اضطراری

el SOS

پولیس

la policía

اروپا

Europa

امریکای شمالی

América del Norte

امریکای جنوبی

América del Sur

آفریقا

África

آسیا

Asia

استرالیا

Australia

اقیانوس اطلس

el Atlántico

اقیانوس آرام

el Pacífico

اقیانوس هند

el Océano Índico

اقیانوس منجمد جنوبی

el Océano Antártico

اقیانوس منجمد شمالی

el Océano Ártico

قطب شمال

el polo norte

قطب جنوب

el polo sur

قاره قطب جنوب

la Antártida

زمین

la Tierra

خشکی

la tierra

دریا

el mar

جزیره

la isla

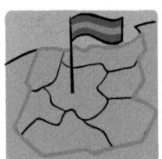

ملت

la nación

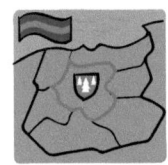

کشور

el estado

روی ساعت

la esfera

عقربه ساعت شمار

la manecilla de las horas

عقربه دقیقه شمار

el minutero

عقربه ثانیه شمار

el segundero

ساعت چند است؟

¿Qué hora es?

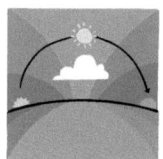

روز

el día

زمان

la hora

اکنون

ahora

ساعت دستی دیجیتل

el reloj digital

دقیقه

el minuto

ساعت

la hora

la semana

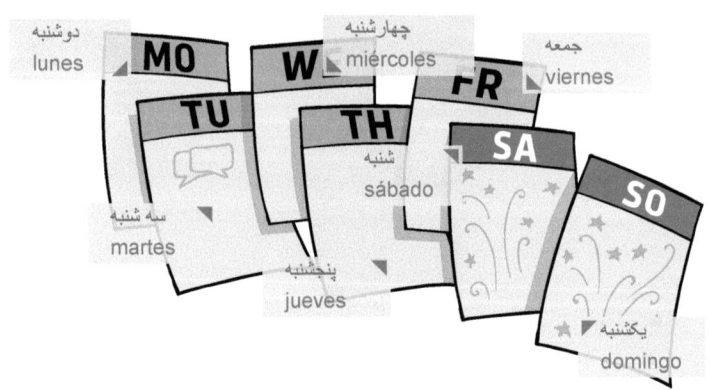

دوشنبه
lunes

چهارشنبه
miércoles

جمعه
viernes

سه شنبه
martes

شنبه
sábado

پنجشنبه
jueves

یکشنبه
domingo

دیروز
....

ayer

امروز
....

hoy

فردا
....

mañana

صبح
....

la mañana

ظهر
....

el mediodía

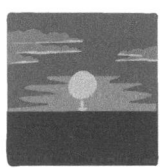

غروب
....

la tarde

روزهای کاری
....

los días hábiles

آخر هفته
....

el fin de semana

سال

el año

باران
la lluvia
رنگین کمان
el arco iris
برف
la nieve
شمال
el viento
بهار
la primavera
خزان
el otoño
تابستان
el verano
زمستان
el invierno

4.APRIL 11°
5.APRIL 4°
6.APRIL 13°
7.APRIL 8°
8.APRIL 10°

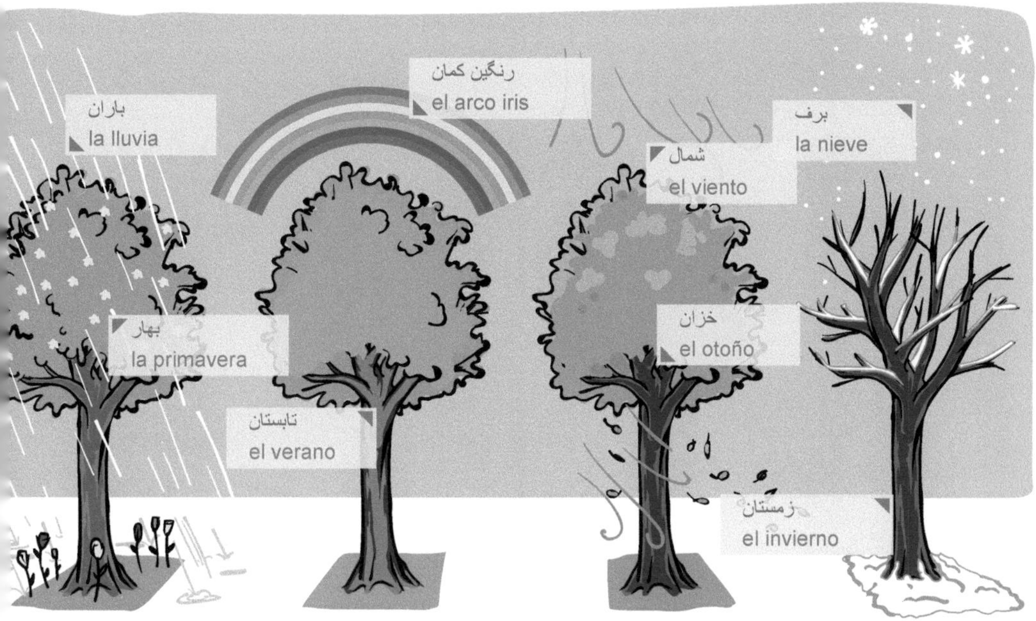

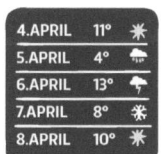

پیش بینی آب و هوا

ronóstico meteorológico

F
C
120
90
60
30
0
-30
40
30
20
10
0
-10
-20

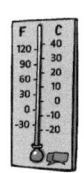

ترمامیتر

el termómetro

آفتاب

la luz del sol

ابر

la nube

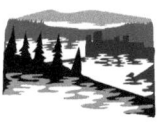

غبار

la niebla

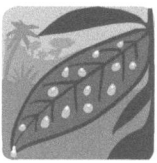

رطوبت

la humedad

رعد و برق
....
el rayo

الماسك
....
el trueno

طوفان
....
la tormenta

ژاله
....
el granizo

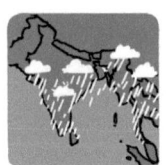

موسم بارندگی
....
el monzón

سیل
....
la inundación

یخ
....
el hielo

جنوری
....
enero

فبروری
....
febrero

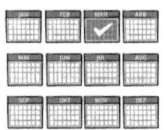

مارچ
....
marzo

اپریل
....
abril

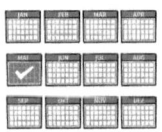

می
....
mayo

جون
....
junio

جولای
....
julio

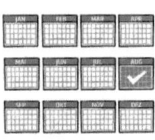

اگست
....
agosto

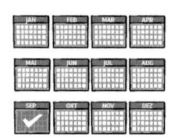

سپتمبر
....
septiembre

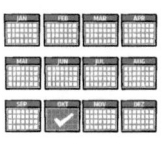

اكتوبر
....
octubre

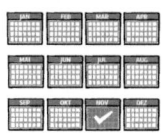

نومبر
....
noviembre

دسمبر
....
diciembre

دایره
....
el círculo

مربع
....
el cuadrado

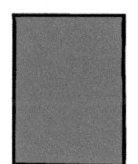

مستطیل
....
el rectángulo

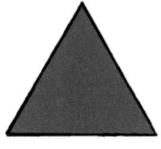

مثلث
....
el triángulo

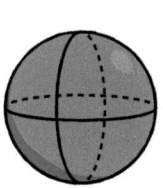

کره
....
la esfera

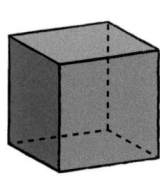

مکعب
....
el cubo

سفید

blanco

زرد

amarillo

نارنجی

naranja

گلابی

rosa

سرخ

rojo

بنفش

violeta

آبی

azul

سبز

verde

نصواری/قهوه یی

marrón

خاکستری

gris

سیاه

negro

زیاد / کم

mucho / poco

عصبانی / آرام

enojado / tranquilo

مقبول / بدرنگ

lindo / feo

آغاز / پایان

el principio / el fin

بزرگ / کوچک

grande / chico

روشن / تیره

claro / oscuro

برادر / خواهر

hermano / la hermana

پاک / کثیف

limpio / sucio

کامل / ناقص

completo / incompleto

روز / شب

el día / la noche

مرده / زنده

muerto / vivo

عریض / باریک

ancho / angosto

خوراکی / غیر خوراکی

comestible / no comestible

عصبانی / دوستانه

malo / amable

هیجان زده / کسل

entusiasmado / aburrido

چاق / لاغر

gordo / flaco

اول / آخر

primero / último

دوست / دشمن

el amigo / el enemigo

پر / خالی

lleno / vacío

سخت / نرم

duro / blando

سنگین / سبک

pesado / liviano

گرسنگی / تشنگی

el hambre / la sed

بیمار / سالم

enfermo / sano

غیر قانونی / قانونی

ilegal / legal

باهوش / احمق

inteligente / estúpido

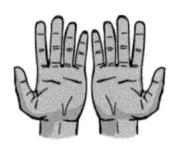

چپ / راست

izquierda / derecha

نزدیک / دور

cerca / lejos

نو / کهنه

nuevo / usado

هیچ چیز / چیزی

nada / algo

پیر / جوان

viejo / joven

روشن / خاموش

encendido / apagado

باز / بسته

abierto / cerrado

بی صدا / پر سر و صدا

silencioso / ruidoso

ثروتمند / فقیر

rico / pobre

صحیح / غلط

correcto / incorrecto

ناهموار / هموار

áspero / suave

غمگین / خوشحال

triste / contento

کوتاه / بلند

corto / largo

آهسته / سریع

lento / rápido

تر / خشک

mojado / seco

گرم / سرد

caliente / frío

جنگ / صلح

guerra / paz

los números

0	1	2
صفر	یک	دو
cero	uno	dos

3	4	5
سه	چهار	پنج
tres	cuatro	cinco

6	7	8
شش	هفت	هشت
seis	siote	ocho

9	10	11
نه	ده	یازده
nueve	diez	once

12
دوازده
doce

13
سیزده
trece

14
چهارده
catorce

15
پانزده
quince

16
شانزده
dieciséis

17
هفده
diecisiete

18
هجده
dieciocho

19
نوزده
diecinueve

20
بیست
veinte

100
صد
cien

1.000
هزار
mil

1.000.000
میلیون
el millón

los idiomas

انگلیسی

el inglés

انگلیسی امریکایی

el inglés americano

چینی ماندارین

el chino mandarín

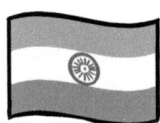

هندی

el hindi

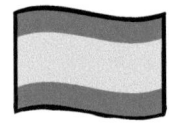

اسپانیایی

el español

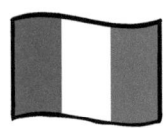

فرانسوی

el francés

عربی

el árabe

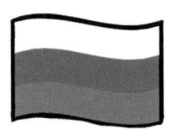

روسی

el ruso

پرتعالی

el portugués

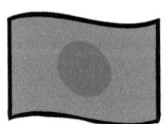

بنگالی

el bengalí

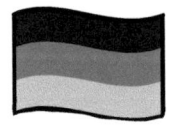

آلمانی

el alemán

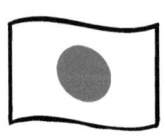

جاپانی

el japonés

من

yo

شما

vos

او / او / آن

él / ella

ما

nosotros

شما

ustedes

آن ها

ellos

کی؟

¿quién?

چی؟

¿qué?

چطور؟

¿cómo?

کجا؟

¿dónde?

چه وقت؟

¿cuándo?

اسم

el nombre

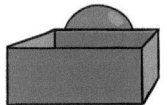

عقب

detrás

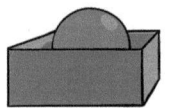

در

en

پیش روی

adelante de

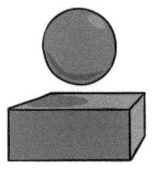

بالا

por encima de

روی

sobre

زیر

debajo de

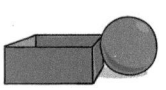

پهلو

al lado de

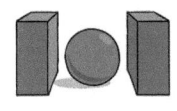

میان

entre

محل

el lugar